救いと希望の道

——十字架の道行——

著　者／ティモシー・ラドクリフ（ドミニコ会）
イラスト／マルティン・エルスパメル（ベネディクト会）
訳　者／児島　杏奈

Original title : STATIONS OF THE CROSS

Text by Timothy Radcliffe, O.P.
Illustrated by Martin Erspamer, O.S.B.

Original edition published by LITURGICAL PRESS

まえがき

ほぼすべてのカトリック教会の壁には、「十字架の道行《みちゆき》」が掲げられている。私たちは、それぞれの留《りゅう》を進みながら、イエスが死の宣告を受けたエルサレム市内のポンティオ・ピラトの邸宅から、十字架と墓への短い旅路をたどるイエスに同伴する。短時間ながらも紆余曲折に満ちたこの旅路は、二〇〇〇年前に、暑くてほこりまみれの中東のある都市で起こった出来事だ。アメリカのアラスカ州から南アフリカのケープタウンまで世界に広がる現代の教会で、この旅路を再現する意味は何だろうか？　一体何が起こっているのか？

この古き信心は、実り豊かで相互に緊張関係を持つ二つの伝統が実を結んだものである。まず、神はどこにでもおられるという側面が一方にある。つまり、神に出会うために特別な場所に赴く必要はない。エルサレムにおられる神は、ヨハネスブルグにも、ジャカルタにもおられる。しかし他方では、受肉して人となられた神は、ローマ帝国内の辺境地にお暮らしになった。そのため、この地は、今でも私たちにとって聖地である。このように相反する伝統がぶつかり合うと興味深い洞察が生まれるものだ！

紀元後一世紀のキリスト者たちは神の遍在《へんざい》を固く信じていた。私たちは神と接触するために、特定の聖地を必要としない。イエスは、井戸端でサマリアの婦人に対し、「婦人よ、わたしを信じなさい。あなたがたが、この山でもエルサレムでもない所で、父を礼拝する時が来る」（ヨハネ4・21）とおっしゃった。最初の殉教者であるステファノは、「この聖なる場所（神殿）をけなして、一向にやめようとしない」（使徒言行録6・13参照）ことを理由に逮捕された。地中海地方にキリスト教が広まったことや紀元後七〇年に神殿が破壊されたことは、どの聖地からも自由になったという新しい信仰を強めるものとなった。どこにいてもキリスト者になれるのである。

このように、キリスト教には、最初からグローバル化というDNAが組み込まれていたのだ！　四世紀に活躍したニュッサの聖グレゴリオは、「場所を変えたからといって神に近づけるものではなく、あなたがいるその場に神が近づいてこられる」と主張した。マルティン・ルターは、聖地を尊ぶキリスト者を批判して次のように言った。「神は、今はサラセン人の所有地となっている、主が埋葬された墓も、スイスのすべての牧場と同じくらい大事にされる」。

とはいえ初めからこの伝統は、どの宗教にも見られる「巡礼に行きたい」という別の伝統と緊張関係にあった。キリスト教は、エルサレムと神殿に対するユダヤ教的な愛を絶やさず生かし続けてきた。「主がヤコブのすべての住まいにまさって愛されるシオンの城門よ」（詩編87・2）。マルコ福音書の受難の記述は、イエスの最期の道のりを巡礼者たちがたどったという「十字架の道行」の最も古い原型に根ざしているという研究もある（ローワン・ウィリアムズ著 *Meeting God in Mark*『マルコ福音書における神との出会い』）。空っぽの墓の前で、天使は婦人たちに「ご覧なさい。お納めした場所である」（マルコ16・6）と語った。このように、当初から、人々は実際に自分の目で見るために訪れたのである。

やがて殉教者への崇敬《すうけい》が広まると、殉教者の墓は巡礼地となった。そして四世紀以降、聖地は、巡礼者の典型的な目的地となった。コンスタンティヌス帝の母である聖ヘレナは、イエスの本物の十字架と墓を発見したと言われている。巡礼者たちはこぞって、イエスが生活し、亡くなった場所を見るために訪れた。聖ヒエロニムスは、聖マルチェラに宛てた手紙の中で、「私たちは、墓に入るたびに、布にくるまれて横たわる救い主の姿を見ます。墓の中でしばし立ち止まるならば、足元に座る天使と、枕元に丸めた布が置かれているのが今も見えるでしょう」と記している。

しかし西欧に住むキリスト者の大半は、エルサレムにはとうてい行けなかった。あまりに遠くて、あまりに多くのお金がかかり、また、特にキリスト教とイスラム教が対立する時代において非常に危険でもあったからである。そのため、自宅を離れずにこの巡礼ができるように「十字架の道行」が発展していき、自分の地元の教会に立ち寄れば済むようになった。これこそ、神はどこにでもおられることを信じ、同時に人となられた神は特定の時代と場所において生きられたことを信じる、という相反するこの二つの信仰の見事な和解案であった。私たちは、シカゴでも東京でも世界中どこにいても、イエスと一緒に歩き、母を抱きしめるイエス、エルサレムの娘たちに出会うイエス、そして十字架に架けられて葬られるイエスを眺めることができる。

「十字架の道行」は、一人ひとりの人生のドラマ、私たちの勝利と失敗、そして喜びと悲しみをイエスが抱きしめた、という私たちの信仰の核心を美しく表現したものである。そして「十字架の道行」の中で、特に私たちが行き詰まって前へと進む道を見失ったかのように思われる時に、主が共にいてくださることを思い出す。主は、私たちと歩みを共にし、私たちがよろめく時に一緒につまずかれ、私たちがまた立ち上がることができるように助け起こしてくださる。

「十字架の道行」は、死刑を宣告される場面から始まる。これは、主のご受難の導入である。これはただ主が苦しむ、という意味だけではない。苦しみ自体はずっと前から始まっていたのだから。「受難」とは、文字どおり、何かをされることである。主は、モノ扱いされる。主は、死の宣告を受け、十字架を担わされ、疲れ果て、釘で打ち抜かれ、肉体は裂かれ、殺されて葬られる。私たちの人生がまるで自分の手中にないかのように感じ、周りからこき使われ、侮辱や被害を受け、利用され、無力さの中で死へと押し流されていると感じるたびに、主は私たちと共におられるのだ。

十字架の各留では、イエスが立ち止まった場面を思い起こす。「留」とは単に、バスの停留所のように停《と》まる場所を言う。イエスは、あわれんで人々に話すために立ち止まり、疲れ果てて前に進めず転んだ時に立ち止まり、また、旅路の終着点であるゴルゴタで立ち止まる。私たちも道なかばで、もうこれ以上前に進めないかもしれないと立ち尽くすとき、イエスはそばにいてくださる。私たちは、病気、失敗、悲しみ、絶望によって止まらざるを得なくなるかもしれない。しかしイエスは、十字架への道のりをゆっくり進み続け、そして復活へと向かいながら、希望のうちに私たちを一緒に連れていってくださる。さあ私たちも出発しよう。

目次

※本書における聖書の引用は、『聖書新共同訳』（日本聖書協会発行）によっています。

第一留　イエス、死刑を宣告される

イエスの裁判は茶番である。ポンティオ・ピラトは、イエスが有罪だとは思っていない。ピラトは、自分自身には罪がないことを示すために手を洗ってみせるが、イエスを助けようとはほとんどしない。これは、ピラトが何の思いやりもない、気だるい皮肉屋だからだろうか?「真理とは何か」（ヨハネ18・38）とピラトはイエスに問いただした。それとも、無実の人が罰せられたとしても、犯罪に屈しない強い態度を示した方が、受けがいいからだろうか？　もしかすると、ピラトはイエスの告発者たちにおびえていたのかもしれない。そこで、形ばかりに抵抗してみせた後で、群衆と同調したのである。

世界中には似たような理由で死刑を執行されている人々がいる。シスター・ヘレン・プレジャンは、『デッドマン・ウォーキング』という本の中で、弁護士たちが訴訟内容をきちんと調べようともせず、自分が弁護すべき被告人に対し無関心であるために、多くの人々、特にアメリカの貧しい黒人たちが正当な弁護を受けないいま死刑に処せられていることを示した。現代の政治家たちも、弱腰だと批判されて支持率を落とすリスクを避けたいと願っている。こうして無実の人々が死に追いやられているのである。毎年、信仰を理由に命を奪われている十万人のキリスト者のことを考えてみよう。彼らは、私たちの主が受けた死の宣告を共に負っているのだ。

しかし私たちも、同じようなことを度々繰り返していないだろうか？　考えや行動の真意に十分注意を向けずに他の人々を批判して、貧しい人々に対し、たかる者、不真面目で無気力な者、というレッテルを貼る。私たちはすぐに他人を裁く。もしかすると、これは大衆の中で自分が目立つことを恐れているせいかもしれない。多数派に反対することは危険が伴うからである。

場合によっては、あえて真実を知ろうともしないこともある。私は、ある昼食会の席で、某大学でチャプレン（カウンセリングケアなどを行う）を務める信徒の隣に座っていたところ、そのチャプレンが英国の司教が発表したある文書を軽蔑した態度で非難したことがあった。そこで私は、「でもこの文書は美しくてニュアンスが込められたものですよ」と言ったところ、チャプレンは「ニュアンスなんてどうでもいいのよ」と返答した。真理と正義には、ニュアンスが必要であり、私たちは何かを発言をする前に、忍耐強く真理を引き出さなければならない。

イエスは、敵から糾弾《きゅうだん》される。そしてイエスは、私たちが他人に背負わせたすべての糾弾や悪意に満ちた誹謗《ひぼう》と中傷をすべて背負ってくださる。各メディアには、非難と軽蔑が満ちあふれている。私たちは平気で他の人々を笑いの格好の餌食《えじき》にしてからかう。私たちがそんな態度を取るとき、イエスはご自分で背負われる。しかし、イエスが最後の審判の日に裁き主として来られるとき、私たちを優しさとゆるしをもって裁いてくださるであろう。私たちは、他者を冷たく軽蔑するたびに、イエスご自身を糾弾したことになるが、私たちがイエスのあわれみに対し、「はい」と応答さえすれば、イエスは私たちを自由の身にしてくださる。

イエスは死の宣告を受けられた。イエスは、私たちが必ず受けるはずの宣告をご自分で引き受けたのである。いつの日か私たちは必ず死ぬ。私たちは全員、自分の誕生日を知っている。そして私たちには、将来訪れる死の記念日となる「死亡日」もあるはずなのに、それがいつであるかは知らない。死を間近にして多くの人々は、自分がまだ幸いにも生かされていることを敏感に感じ取ることができる。もし、私たちも死の宣告を受けている身であることを思い出すならば、毎日をただ一度限りの尊いものとし、主が与えてくださるたまものと恵みをともにして今日を生きることができよう。主よ、この日一日のため、また死ぬその日まで毎日、私たちが感謝をささげることができますように。

第二留　イエス、十字架を担う

自分を死に追いやる道具を運ばせられるとは何たる屈辱！　それはまるでホロコーストのとき、ユダヤ人たちが自分たちの墓を掘ることをナチスに強要されたときと似ている。ここで運ぶのは、十字架の縦棒の上に掲げられる横ばりだった。主の体重を支えるためのものであれば重かったに違いない。イエスは、私たちが他者に負わせたあらゆる重荷を背負うのである。

私たちが愛する人々に背負わせた重荷を考えてみよう。時には、両親に愛情を示さなかったり、ほほ笑みに対して不機嫌な受け答えをしたりして、両親に重い重荷を背負わせたかもしれない。私たちは皆、あの反抗的な十代の時を通り過ぎているはずだ！　優しいまなざしや言葉でホッとなごませてあげることができたかもしれないのに、自分の夫や妻に負わせた重荷の数々を振り返ってみよう。慰めや励ましを求めて、打ちひしがれながら私たちのところにやってきた人々に対し、その荷を軽くしてあげただろうか？　もしかすると、私たちは律法学者やファリサイ派の人々のように、「背負いきれない重荷をまとめ、人の肩に載せるが、自分ではそれを動かすために、指一本貸そうともしない」（マタイ23・4）ことをしたかもしれない。ただ、神がエジプトにおいてイスラエル人から奴隷のくびきを取り除いて解放されたように、イエスは、これらの重荷をご自分で背負ってくださる。イエスは、「疲れた者、重荷を負う者は、だれでもわたしのもとに来なさい。休ませてあげよう。……わたしの軛《くびき》を負い、わたしに学びなさい………わたしの軛は負いやすく、わたしの荷は軽いからである」（同11・28－29）と私たちに呼びかけてくださる。イエスの軛が軽いのは、イエスが私たちと軛でつながれていて、その重さを背負ってくださるからにほかならない。

中世の時代、サタンは暗くて重々しい態度で私たちの失敗を全部記録してこれを背負わせる恐ろしい会計士としていつも描かれていた。度を過ぎた深刻さから私たちを解放し、私たちが自然に湧き上がる喜びを体験できるよう、イエスは重荷を背負ってくださった。イエスが私たちの重荷を背負ってくださることを信じる者は、自分一人で生真面目に全部背負い込む必要がないことを知っている！　こうして私たちは、軽やかに歩き、屈託《くったく》なく過ごせるのだ。「互いに重荷を担いなさい。そのようにしてこそ、キリストの律法を全うすることになる」（ガラテヤ６・２）。

イエスは、私の弟子になりたいならば自分の十字架を背負って私に従いなさい、と言われる。この教えは、まるで私たちが積極的に苦しみたいと思わないといけないような自虐《じぎゃく》的な響きを持つ。この点は、時として「キリスト教は陰気」と思われる原因でもあった。しかしこれは、喜びと苦しみ、また祝福や限界に彩られた私たちに与えられた人生を思い切って抱きしめることである。自分以外の別の人になりたいと願うことは不毛だ。これこそ神から与えられた贈り物である私の人生であり、つらい時や苦しい時も、幸せへと続く道なのだ。

私の学生時代の親友のお父さんは、第二次世界大戦でイギリス空軍パイロットだった人だ。戦時中、彼は撃ち落とされて、ひどい火傷《やけど》を負った。彼の顔はただれ、指のほとんども焼け落ちてしまった。私はそのお父さんに会うのが最初とてもこわかったが、彼はとても大きな勇気と喜びをもって自身の痛みを受け入れていたため、私は彼と会ってから二分後には二度と彼の外見について気にしなかった。やがてそのお父さんは、私の第二の父親のような存在になった。お父さんは教師になることをいつも夢見ていたが、その醜い外見のせいで仕事を見つけるのが難しかった。そこで、お父さんはある学校を買い取り、とても魅力的で大いに愛された校長先生になった。彼は自分の十字架を手に取り、まるで軽いかのように担いでいた。私たちも軽やかな足どりで歩くことができますように。

第三留　イエス、初めて倒れる

私たちには、「初めて倒れた」経験がたくさんある。初めて意識的に親に背いた時、初めてうそをついた時、あるいは初めて性的な不品行に走った時などである。結婚した当初は、これからきっと完全な喜びが永遠に続くに違いないと思っていたところ、最初の口げんかや何かしらの最初の裏切り行為が起こったりする。私がドミニコ会士になった時、汚れなき聖なる人生が待ち構えていると思っていたが、ここで私は最初にすっ転んだのだった！　また、子どもを持つ親となった時、自分が言葉に表せないほど愛しているはずのわが子に対し、手厳しくあたった自分に恥ずかしさを感じながらハッと気づく「初めて倒れる」体験が他にもあるだろう。神父たちはそれぞれ、叙階された後に初めて倒れる体験をする。

最初に転んだ時、恥と否定がともなう。この転ぶ体験は、自己イメージを揺るがす。

アダムは、実を食べた後、エバのせいにした。「あなたがわたしと共にいるようにしてくださった女が、木から取って与えたので、食べました」（創世記3・12）。エバもまた、「蛇がだましたので、食べてしまいました」（同3・13）と言って責任転嫁《てんか》しようとした。こうして神のせいだ、あの人のせいだ、蛇のせいだ、となる。私のせいだなんてありえない。私は決してそんな人じゃない。私は自分の結婚を裏切るような人、または召命を裏切るような司祭ではない、と。

私たちは、他の誰かのせいだ、飲み過ぎたからだ、疲れていたからだ、または気分が落ち込んでいたからだ、と言い訳する誘惑にかられるかもしれない。そんな時こそ、イエスが私たちのそばにおられ、初めて倒れるすべての人々の恥を負い、そしてそれを背負い続けられることを思い出そう。

こうして初めて、私たちは、自分自身を正直に見つめる勇気を奮い立たせ、まさに自分が「そんな人」であることを知る。私たちは、自分の思い込みとは裏腹に、完璧な親、素晴らしい伴侶、非の打ちどころのない信心深い神父ではないかもしれない。それでも神は、欠点もろともそのままの私たちにほほ笑みかけてくださる。

私たちは完璧ではないかもしれないが、さげすむべき虫けらでもない。私たちは、時々転びながら天の国への道を手探りで進む、間違いを犯しがちな人間である。教皇フランシスコは、使徒的勧告『福音の喜び』の中で、「いかなる外観をも超えて、一人ひとりが限りなく尊い存在であり、私たちの愛と献身とを受けるべき存在です」（二七四項）と語った。私たちも、嫌でたまらない人々に思い切って目を向け、批判めいたしかめ面をやめて、彼らの善さを見いだすようにしよう。

第四留　イエス、母マリアに出会う

マリアは最初からそこにおられる。受胎告知では主役を務め、その後神殿で自分の子をささげ、そしてその子を育てた。また、カナの婚礼の時にもマリアはいた。ただ、使徒たちの共同体が新しく誕生すると、マリアは表舞台から退く。イエスは、「見なさい。ここにわたしの母、わたしの兄弟がいる。神の御心を行う人こそ、わたしの兄弟、姉妹、また母なのだ」（マルコ3・34－35）と言われる。マリアは、群衆の中で隠れた存在となる。

母親たち、そしてもちろん父親たちは、子どもたちに幅広い自由を与えて、邪魔をしないことで子どもたちを愛する。親は、学校で友達を作ること、好きな人にときめくこと、自分たちそれぞれの道を生きることを子どもたちに勧める。子どもたちは、いつの日か巣立って、人生の中心を占めるようになった別の人と家庭を築く。しかし、何かの挫折《ざせつ》が起こったとき、親はそばにいてくれる。私の母は、「末っ子が巣立てば母親としての自分の役目は終わりと思っていたけれど、母親であることには終わりがないことに気づいたわ」と話してくれたことがある。私がドミニコ会の総長としてヒースロー国際空港で頻繁に飛行機を乗り継ぐ日々を過ごしていた頃、空港近くにあった母の家は、私が時差ボケから回復するための避難所となった。私は、母の世話をまた一から必要としたのだ！

母と子の絆《きずな》ほど深いものはない。ヘブライ語の「あわれみ」は、「胎」という単語に由来する。母親は、いつくしみというへその緒で自分の子どもたちとつながっているのである。スコットランドの詩人であるロバート・バーンズは、わが子を失った母親の嘆きを次の詩にしたためている。

やぶの中にいるムネアカヒワの母鳥は　奪われた幼い子を嘆き悲しむ
そして私は失ったいとし子のために　明け暮れ嘆く

父親たちも、父親としてこの深い絆を感じる。ダビデ王は、反逆した息子の死に打ちのめされた。「わたしの息子アブサロムよ、わたしの息子よ。わたしの息子アブサロムよ、わたしがお前に代わって死ねばよかった。アブサロム、わたしの息子よ、わたしの息子よ」（サムエル下19・1）。

自分の親が、半分神のような存在ではなく、自分と同じようにもろく、はかない人間であることを初めて理解したときに、私たちが親に注ぐ思いやりのまなざしを考えてみよう。アイルランド出身の詩人シェイマス・ヒーニーは、ある事故の後に自分の父親のまったく無防備な姿を見たときの様子を次の詩に残している。

僕はお父さんを間近で見ましたが、僕のところに来たお父さんの足跡は
川の水でびしょ濡れのままでした
それでもこれからお父さんと僕は
幸せでないはずがないと思っていました　とさ

【『シェイマス・ヒーニー全詩集一九六六～一九九一』シェイマス・ヒーニー／著　村田辰夫ほか／訳　国文社（一九九五年十一月出版）「ものの奥を見る」（六三六頁）より】

完全に無私であったマリアとイエスは、互いの痛みを鋭く感じたに違いない。これによって痛みは増しただろうか、それとも共有できたことで痛みは和らいだだろうか？

親に先立つ子の死は理不尽である。これは自然の秩序に反することである。子どもは本来、親の世話をし、埋葬して見送るべき者だからである。これは、聖ヨハネ・パウロ二世が回勅『いのちの福音』で述べた「世代間で結ぶ契約」（九四項）である。戦争や病気で子どもを失った親たちの痛ましい悲しみがここにある。イギリス北部に住むマーガレット・スミスは、第一次世界大戦で六人中五人の息子を亡くした。彼女は、「男の子を持ってはだめよ。彼らは大きくなっても大砲の弾になるだけだからね」とよく話していた。アルゼンチン軍事政権下で誘拐・拉致《らち》されるなどして行方不明になった子どもたちの行方を探すために結成された「五月広場の母たちの会」という家族の会に所属する母親たちのことを考えてみよう。彼女たちには、埋葬するための子どもたちの遺体すらなかったのである。映画『ゼロ・グラビティ』（二〇一三年）にも、「君の娘は死んだ。これ以上の悲しみはない」というセリフがある。

イエスと母が十字架の道行で出会った時、これらすべてのひどい苦しみは神によって受け止められた。「母がその子を慰めるように　わたしはあなたたちを慰める。エルサレムであなたたちは慰めを受ける」（イザヤ66・13）。イエスは、早すぎる死を迎えたすべての子であり、マリアは、子のために深い悲しみにくれるすべての親である。

第五留　イエス、キレネ人のシモンの助けを受ける

母と子の出会いという深い優しさに満ちた場面の後、二人の見知らぬ者同士の一瞬の出会いというまったく正反対の出会いが実現した。この出会いは、それぞれにどんな意味を持つものだっただろう？

イエスは弟子たちに対し、それぞれ自分の十字架を背負わなければならないと教えられた。しかし今、イエスはご自分の十字架をもはや背負えないことを知る。助けが必要となったのだ。もしかすると兵士たちは友人たちと早く飲みに行きたくて、できるだけ早くこのおぞましい任務を済ませるためにイエスを急かしていたかもしれない。ヨハネによる福音書が記す時期によると、このとき安息日が近づいており、安息日が始まる前にすべてを終わらせなければならなかった（ヨハネ19・31）。そうした中、よろめきながらのろのろ進むこの男は、迷惑な存在となった。そこで、キ

レネ人のシモンがイエスを助けるようにと無理強いされたのである。この対応は、イエスへの思いやりからではなく、このおぞましい務めをさっさと片付けたいといういらだちによるものだったに違いない。

西洋文化では、他人の助けを必要としない自立した個人を理想像として掲げ、これを奨励《しょうれい》してきた。私たちは、自分一人の足で立つべきなのである。他者、特に見知らぬ人の助けなど借りるのは恥ずかしいことなのだ。私が腰の手術をした時、体を清潔にし、ベッドの上で寝返りを打ち、ベッドから起き上がり、トイレに付き添ってもらうために、見知らぬ人の助けを必要とした。しかしこの依存こそ、人間であることの一部であり、神は、「十字架の道行」のこの場面のイエスによってこれを抱きしめてくださるのだ。神は、シエナの聖カタリナに対し、「私は、あなたたち各々に、霊的にも物質的にも必要なすべてのものを与えることもできた。しかし、あなたたちが互いに頼り合い、一人ひとりが私の代理人として、私の与えた恵みとたまものを分配することを望んだ」と語っている。私たちは、私たちを必要とする神、サマリアの婦人から飲み水を必要とする神、十字架を担うために助けを必要とする神の姿を、イエスのうちに見いだすことができる。助けを求めることは、恥ずかしいことでも何でもないのだ。

キレネ人のシモンが、おそらくまったく見も知らぬこの男のドラマに巻き込まれた時には、ただの通りすがりの人だったようである。彼には選択の余地がなかった。とはいえ、その後、彼は弟子となり、息子たちのアレクサンドロとルフォスとは共同体の中で知られた人物であったかのようにマルコは記述している。まさにこの不本意な出会いこそ、彼の人生を変えた。見知らぬこの人の十字架を無理やり担わされたことで、彼は弟子となったのである。

苦しみは不意に私たちにおそいかかってくるかもしれない。人生は順風満帆《まんぱん》で、幸せであったのに、思いがけずに事故にあったり、病気が判明したり、失業したりする。そんな時、私たちは「不公平だ！　なんで自分がこんな目に遭うわけ？　よりによってなぜ今？」と叫ぶかもしれない。私たちが最も予想だにしなかった時に十字架を担わざるを得なくなるかもしれない。そんな時、主とのあらたな親密さを発見して主の重荷を共に背負いながら、その苦しみが私たちにとって恵みの時となりますように。パウロも次のとおり書いている。「今やわたしは、あなたがたのために苦しむことを喜びとし、キリストの体である教会のために、キリストの苦しみの欠けたところを身をもって満たしています。神は御言葉をあなたがたに余すところなく伝えるという務めをわたしにお与えになり、この務めのために、わたしは教会に仕える者となりました」（コロサイ1・24－25）。

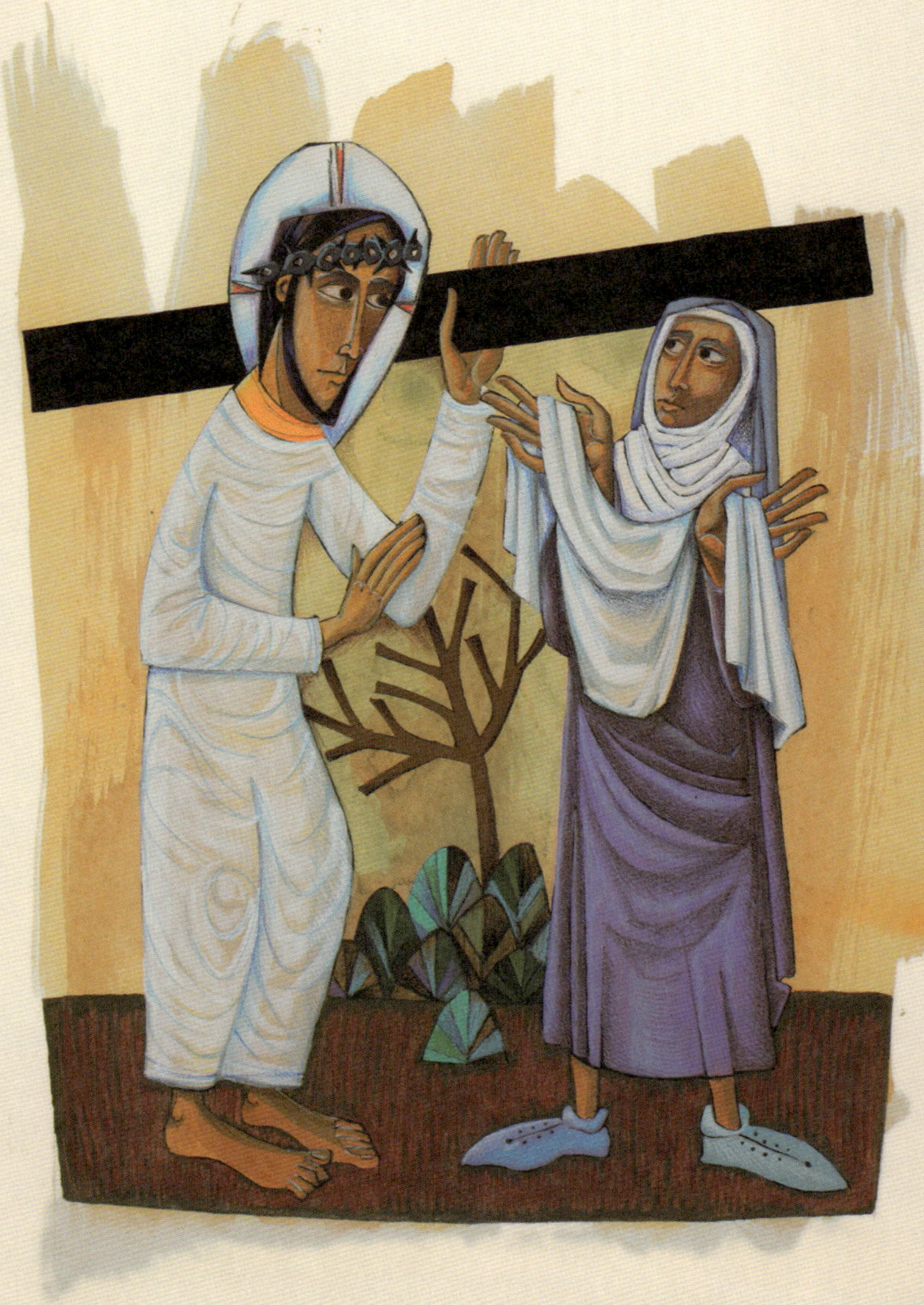

第六留　イエス、ヴェロニカより布を受け取る

イエスが十字架に向かっている道中、ある婦人がイエスをあわれに思って主の顔を拭ったという伝説がある。そしてイエスの顔の面影がその布の上に写されて残った、というのである。この「ヴェロニカ」という名前の意味は、「まことの姿」である。

この話は、十三世紀以降に登場したものだが、深い真理を具体的な形に表している。イスラエルは、神の顔をあおぎ見て祝福を受けることを切に願い求めてきた。「いつまで、主よ　わたしを忘れておられるのか。いつまで、御顔をわたしから隠しておられるのか」（詩編13・2）。神のみ顔は、罪人に思いやりをもってほほ笑むイエスの顔として受肉した。イエスは、木の上によじ登っていた小柄で気取ったザアカイを喜んで見つめ、周りからの尊敬を集めていた独善的な人々よりも、彼のところに泊まることに決めた。同じく徴税人であったレビ（マタイ）にもほほ笑みか

け、ご自分の弟子として呼ばれた。ペトロが裏切った後、イエスはペトロを優しく見つめられた。

では私たちはどうだろうか? イエスの顔は見えないし、イエスがどんな外見であったかも知らない。私たちはキリストのからだであるから、私たちがイエスの顔のはずである。グレアム・グリーン作の『キホーテ神父』という本に登場する神父は、人間の顔を「神のイメージ」と表現した【『キホーテ神父』グレアム・グリーン/著、宇野利泰/訳 早川書房(一九八三年出版)(一五二頁)より】。私たちは、姿の見えない神にほほ笑みかけられ、そしてこのほほ笑みが私たちの顔の上に映し出されるのだ。私たちは幼い頃、親や周囲の人からほほ笑みかけられて笑うことを覚える。また、私たちは、赤ちゃんがそばにいると寄ってたかって変な音を立てたりしながら笑いかける。私たちは、神から向けられた恵みあふれるほほ笑みを通して、恵みに満ちたまなざしが注がれていることを学ぶ。教皇フランシスコは、あるインタビューの中で、「ほら、ここにいる私は、主がそのまなざしを向けてくださっている罪人なのです」と語っている。そして教皇は、神から受けたほほ笑みを、今度は自分の周りにいる群衆に向けて投影しているのだ。

顔というのは、人々を圧迫するものともなる。例えばキューバのハバナやイラクのバグダッドは、独裁者であったフィデル・カストロとサダム・フセインの威圧的な顔に支配されていた。多くの国では、警察や出入国審査官は、人々を脅す存在となっている。そして貧しい人々は、周りから不愉快な顔をされることに慣れっこになってしまう。現在、世界の人口の半分以上が都市部に住みながら、自分の存在を認めてくれる顔にしばしば飢えている。荒涼《こうりょう》とした今日の都会の広い砂漠にいる顔の大半は、凍りつき、何も見ていない。恐怖や無関心ゆえに、視線を合わせることが避けられている。

マリリン・ロビンソン著の『ギレアド』という本に登場する年老いた牧師は、「どの人間の顔も相手を求めている。ぼくらは人間の顔のなかにある単独性、気丈さと孤独をみとめずにはいられない」と述べている。【『ギレアド』マリリン・ロビンソン／著、宇野元／訳　新教出版社（二〇一七年十月出版）（九〇頁）を引用】洗礼を受けた一人ひとりは、日常生活における人々との普段のやり取りの中で、キリストの顔となる使命を授かっている。これは、キリスト者としてのあらゆる証しの小さくも必要な出発点だ。伝説によると、イエスは、十字架に向かう途中で、敵意むきだしの多くの顔の中にあわれみをもって自分を眺める顔を見つけ、そしてその婦人に、ご自分の顔の面影を残されたという。

私たちの顔も、神の恵みによって、人を温かく迎える優しい顔へと形づくられ、イエスの「まことの面影」となりますように。二〇一四年一月、私はアルジェリアのオランの司教と一緒にアルジェリア国内のサハラ砂漠を旅していた時、その晩に宿泊する予定の修道院への道のりがよく分からなかった。その時イスラム教徒の男性と二人の息子さんたちに出会った。彼らは、私たちにほほ笑みかけ、自宅に招いて温かくもてなしてくれた。今でもその三人の顔ははっきりと目に浮かぶ。荒れ地で遭遇《そうぐう》したこの三人の顔の中に、受肉した神の顔に出会った体験だった。私たち一人ひとりも、砂漠でさまよう誰かのために、神を映す顔となれますように！

第七留　イエス、再び倒れる

イエスが最初に倒れた時は、重い十字架を背負っていたので無理もなかった。きっと誰でも倒れるだろう。しかし、今や十字架はキレネ人のシモンが運んでくれている。そのため、イエスが二度目に倒れたのは、きっと疲れ果てていたからに違いない。今や精根尽きている。

強者をもてはやす私たちの世界は、身体的に弱い人を上から目線であわれみがちである。健常者は、老人や病人がよたよたと弱々しく歩く姿を目にして、「何てかわいそうに」などと言いながら弱者を軽蔑して見ているかもしれない！　二〇一三年夏、私はある病気にかかり、短い間ではあったが日常のことも自分でこなすのがままならなかった。着替えも一苦労だった。浴槽から一人で出る力も十分になく、人の助けを借りるのも恥ずかしかったのでお風呂に入るのも無理だった。この体験ができたことに私は感謝している。身体的な弱者に出会った時に、自分もまさに同じ立場であったし、そしてそう遠くない未来に、また同じ立場に置かれるだろうと思えるからだ。私たちの主は、そんな肉体の弱さを分かち合ってくださり、祝福してくださる。

イエスは、倫理的な弱さを抱える私たちも受け入れてくださる。最初に転んだ時、私たちは他人のせいにできる。「私は本当はそんなんじゃないから！」。でも何度も転ぶと、倫理的に弱い自分の姿をいや応なしに突きつけられる。そしてこの弱さを言い訳にする誘惑にもかられる。「私って弱い人間なんだ。だからどうすることもできないよ」などとつぶやきながら、ワインをもう一本開けたり、三個目のドーナツをほおばったりするかもしれない。しかし、これはただの絶望の一種にすぎない。

聖パウロは、「わたしは弱いときにこそ強いからです」（二コリント12・10）と語った。私が弱いとき、風と嵐と闘っているのは自分一人ではないことを発見するかもしれない。イエスは、私たちがイエスの力に一緒にあずかることができるよう、私たちの弱さも共に体験してくださった。私たちの中心には、力強い神の御子がおられる。私の内奥《ないおう》には神が住まわれ、恵みによって私を何度も何度も引き上げ、そして再び勇気を与えてくださる。教皇フランシスコは、有徳《ゆうとく》とは、「一度も倒れないこと」ではなく、いつも起き上がることだ、と強調している。

私たちは歩き続ける。グレゴリー・デイヴィッド・ロバーツの『シャンタラム』という本は、脱獄した犯罪人が「平和の人」となることを学ぶ姿を描いた壮大な自伝的物語であるが、その結びの部分で、私たちに耐え抜くように呼びかけている。「これが私たちのしていることだ。片足をまえに出し、それからもう一方の足をまえに出す。あるときは歯を剥き、あるときは微笑んでいる世界に向かって、もう一度眼を上げる。（中略）影の射す自分たちの十字架を次の夜の希望の中へと引きずる。勇敢な心を明日の約束の中に押し出す。（中略）運命が待っていてくれるかぎり、私たちは生きつづける。神よ、助けたまえ。神よ、赦したまえ。私たちは生きつづける」。【『シャンタラム（下）』グレゴリー・デイヴィッド・ロバーツ／著　田口俊樹／訳　新潮社（二〇一一年十一月出版）（五四八～五四九頁）を引用】

第八留　イエス、エルサレムの婦人たちを慰める

十字架に向かう道のりでイエスが話しかけるのは女性たち、つまり母マリアとエルサレムの娘たちだけである。マリアの心は悲しみに貫かれていた。しかしエルサレムの婦人たちはおそらくイエスのことを知らなかっただろう。彼女たちは、イエスの弟子ではない。彼女たちは、死刑を宣告された人のために儀礼的に悲しむという宗教上の役目を果たしていただけだろう。ある意味、プロの泣き屋である。この本のイコン画では、婦人たちのうち二人はイエスを見てすらいない。

イエスは彼女たちに、こう言う。「エルサレムの娘たち、わたしのために泣くな。むしろ、自分と自分の子供たちのために泣け。人々が、『子を産めない女、産んだことのない胎、乳を飲ませたことのない乳房は幸いだ』と言う日が来る。そのとき、人々は山に向かっては、『我々の上に崩れ落ちてくれ』と言い、丘に向かっては、『我々

を覆ってくれ』と言い始める。『生《なま》の木』さえこうされるのなら、『枯れた木』はいったいどうなるのだろうか」（ルカ23・28―31）。現時点では、彼女たちの悲しみは儀礼的なものにすぎない。しかしいつの日か、その悲しみは深い心の底からのものとなるだろう。

イエスは、自分が苦痛の中にあっても、エルサレムが破壊されたときに人々に襲いかかるはずの悲しみを深く感じている。（訳注：紀元後七〇年にローマ帝国によってエルサレムの神殿は破壊された）。イエスは、はらわたの底から人々の悲しみに触れるだけでなく、人々の喜びを本人よりも大きく喜ぶのである。

聖パウロは、ローマの信徒に対し、「喜ぶ人と共に喜び、泣く人と共に泣きなさい」（ローマ12・15）と教える。しかし、エゴイズムは、私たちの反応の純粋さを曇らせてしまう。私たちの喜びは、恨みによって半減するかもしれない。「あの美人の遺産相続人と、なぜ結婚できなかったのだろう」「私の本は、なぜベストセラーにならなかったの？」「自分がガンではなくてよかった」「やれやれ失業せずに済んでホッとした」などである。英国の歴史家・神学者のドナルド・ニコルは、日本の寺の前に座り込んでいたある盲人男性について語っている。その盲人は、自分の前にいるのが聖なる人であるかどうかがすぐ分かったというのである。もし聖者であるならば、「他人の幸運について喜ぶ場合には喜び一色でしたし、悲しみを表す場合には心の底から悲しんでいる様子しか聞こえませんでした」。

神は、私たちの石の心を、肉の心へと変えると約束してくださる。肉の心とは、他者の喜びを、一かけらの嫉妬も抱かずに一緒に喜ぶことであり、また、他者の悲しみを、「他人の不幸は蜜の味」という感情を一切もたずに共に悲しむことだ。絶対的な喜びは、自我が他者との共感をもはや邪魔せず、他者をライバル視するのをやめたときに初めて可能となる。これができない限り、私たちの喜びにはいつも不安が入り混じり、自分たちの足をすくう競争相手に目を光らせることになる。主が、私たちの石の心からエゴイズムという名のぶ厚い皮を削り取ってくださり、他者の「生《せい》」に対してまったく無関心な私たちを変えてくださいますように！

第九留　イエス、三度《みたび》倒れる

イエスは、押しつぶされて倒れる。私が今まで参加した「十字架の道行」の中で最も感動したのは、ウルグアイのモンテビデオにある貧しい地区で参加したときである。各留で、自分たちが今日イエスの受難を生きていることや、イエスがそばにいてくださることを信頼していることを人々は語ってくれた。時々、イエスは透明でそこにいないように感じられるが、彼ら自身も無視されて透明な存在であるかのように感じていた。イエズス会士のエティエンヌ・グリエ（Etienne Grieu）は、「競争に支配される世界では、恐ろしいことに、業績だけでなく人間ですら分類されてしまう。そして一番の底辺に追いやられるのは、十分な能力がない人々である。彼らは、私たちが普段行っている取り交わしの中で自分が役に立つことを証明できないので、他者から無視され、あたかも存在しないかのように扱われる。……そして彼らは、自分自身が何者であるかや各自が持っている固有の宝をアピールする手段をほとんど持ちあわせていないため、屈辱的な思いも抱えている」と書いている。

米国人ジャーナリストのキャサリン・ブーは、世界で一番貧しい場所、つまりムンバイでごみを集めて生計を立てている人々の世界を描いている。住民たちは、快活で、頭の回転が速く、独創性も豊かであるが、破滅しか待ち受けていない。キャサリンは、住民の一人を次のとおり描いた。「ゴミを拾う仕事をすると、わずかな間で身体を痛めつけることになる。大型コンテナをあさって回るせいで切り傷ができ、くぼんだ跡ができて菌が入った。傷口にうじがわいた。頭にはシラミがすみつき、指が徐々に壊死していく。ふくらはぎは木の幹のように腫れあがった。アブドゥルと彼の弟たちは、ゴミ拾いのなかで次に誰が死ぬか賭けをした」。【『いつまでも美しく　インド・ムンバイのスラムに生きる人びと』キャサリン・ブー／著　石垣賀子／訳　早川書房（二〇一四年一月出版）（七三頁）より引用】

西洋社会では、低賃金にあえぎ、お金で食べ物を買うべきか、それとも家の中を温めるべきかを迷いながらフードバンク（訳注：品質に問題ないものの市場で流通できなくなった食品を企業から引き取り、支援を必要とする生活困窮者に無償で配給するシステム）に頼る人々がいる。彼らは、メディアでは軽蔑の対象だ。英国国教会のカンタベリー大主教ローワン・ウィリアムズと英国ジャーナリストのラリー・エリオットは、「メディアでは、労働者階級の生活を描くために、若い白人のチンピラ、凶暴な子どもたち、肥満の男女、未成年の母親、酔っ払い同士のケンカが使われてきた」と指摘している。

そんな彼らもいつの日か、イエスの栄光に共にあずかることができるよう、イエスは自ら転倒する姿を通じて彼らに寄り添う。聖オスカル・ロメロ（訳注：中米サンサルバドルの大司教。貧しい人々の人権擁護に尽力し、暗殺された。二〇一五年列福され、二〇一八年十月十四日に列聖された）は、リヨンの聖イレネオ司教殉教者の言葉を応用して次のとおり言い換えた。「神の栄光とは、生ける貧しい人である（Gloria Dei vivens pauper）」。

イエスを三度否んだペトロのように、倫理的な失敗によって押しつぶされそうになっている人たちもいる。イエスは、力を振りしぼって起き上がって進み続け、一歩ずつ十字架へ、そして一歩ずつ復活へと近づいていかれる。そして復活したイエスは、限りなく細やかな心づかいをもって、ペトロから重荷を取り除き、そして私たち皆の重荷をも取り除いてくださる。イエスは、ペトロの罪について一度も触れずに、ペトロの否みを取り消すために三度機会を与えられた。「ヨハネの子シモン、この人たち以上にわたしを愛しているか」（ヨハネ21・15）と。ペトロは、わが身を守りたいという表面的な望みのさらに奥にある、生涯変わらず続く主の愛への深い飢え渇きに気づくことができた。「わたしがあなたを愛していることを、あなたはよく知っておられます」。こうしてペトロも、立ち上がって、また歩き出すことができたのである。私たちが今までに何をしたとしても、イエスは私たちを立ち上がらせてくださる。

第十留　イエス、衣をはがされる

イエスは、衣服を全部はぎ取られた。十字架の上でイエスは裸である。創世記では、アダムとエバが善悪の木の実を食べた後、自分たちが裸であることに気づき、恥ずかしく思ったという。なぜ彼らは急に恥じ入ったのだろうか？　木の実を食べた後、彼らはお互いを新たな目で見つめた。彼らは互いに、相手から評価されて裁かれる対象となったのだった。

私たちは、他者をよく知っているかのように眺め、彼らの達成した成功の度合いを量り、またその弱さを記録しがちである。私たちは、欲望だけでなく裁きのまなざしによって人々を裸にする。そして「あの人を隅々まで把握した」と言う。品定めをするような他人からの視線の前に、私たちはたじろぐ。私たちは、服を着ていても裸なのである。私たちは、上司や同僚たちから自分の資質を評価される。私たちは、外見の美しさ、性的な魅力、大小の欠点によって判断される。人々は私たちが身に着けている服を調べ、地位や給料を判断する。私たちは、メディアの餌食にされて、ズタズタにされるかもしれない。

家にいる時ですら、私たちはいちばん愛している人たちからも裁かれていると感じることもある。そのような時、イエスは私たちと共に裸を体験し、私たちの恥を背負い、あざけりの言葉を浴びせられる。一見するとイエスの姿は敗北したメシアだ。福音書では詩編22が引用されている。「骨が数えられる程になったわたしのからだを　彼らはさらしものにして眺め　私の着物を分け　衣を取ろうとしてくじを引く」（22・18－19）。イエスの衣服ですら、兵士たちの給料の足しとするために山分けされるただの戦利品となった。衣服も主の「正味価格」の一部となった。いと高き神の御子は、物品として扱われ、売買の対象となっているすべてのスポーツ選手や性労働者を贖《あがな》ってくださる。価値のない人間がどこにいるだろうか？

『それでも夜は明ける』（イギリス・アメリカ　二〇一三年）という映画では、この世で最も残酷な形で人間が商品化される姿をまざまざと見せつけられる。奴隷たちは、まるで売りに出された馬のように、検分のために裸にされ、筋肉を試され、歯を検査される。彼らは人間性を奪われたのだ。ある奴隷女は、自分の子どもたちから引き離されて売られた時、慰めようもなく泣き崩れた。しかしその女主人には、こんな奴隷が自分と同じ感情をもつとは信じがたい。「子どもたちのことなんてすぐに忘れるに決まっているわ」と言い放つ。

今日、何百万人もの人々がいまだに奴隷状態にある。家事使用人たちは拘束され、また大人と子どもは性のために売られている。彼らも、顧客の値踏みするような目線にさらされるために、衣をはぎ取られ、恥を受けなければならない。人間の体は、肉の塊《かたまり》のように扱われる。イエスは、そんな彼らの屈辱を一緒に体験してくださる。

しかし信仰の目で見るならば、イエスの裸の姿から別の姿が見える。旧約聖書の中で、ダビデは、巨人ゴリアテと闘うために自分の服を脱いだ。ダビデの子イエスは、私たちが耐えるあらゆる屈辱や、私たちを委縮させるあらゆる恥と闘うために、裸になってくださる。イエスは、私たちの尊厳を勝ち取るために十字架に上ってくださるのだ。

第十一留　イエス、十字架につけられる

「『されこうべ』と呼ばれている所に来ると、そこで人々はイエスを十字架につけた。犯罪人も、一人は右に一人は左に、十字架につけた」（ルカ23・33）。イエスを敬愛していた人たちにとって、これはまさに耐えがたい敗北であったに違いない。イエスは、前途有望《ぜんとゆうぼう》だった。すぐれた頭脳、開かれた心、癒やしの手、そして人々の人生を百八十度変えるほどの雄弁さ。一時は、イエスには何でもできるように思えた。しかし、今や二人の犯罪人に挟まれてつるされ、犯罪人としての死を迎えている。エマオに向かう弟子たちも、「わたしたちは、あの方こそイスラエルを解放してくださると望みをかけていました」と語った（同24・21）。

イエスはまるで無力な被害者のようだ。周りから乱暴に扱われ、あざけられ、十字架の刑場まで歩かされ、そしてこうして十字架に釘づけられている。ただ、特に

ヨハネによる福音書を読むと、イエスこそ、その場を静かに取り仕切っているのだ。ドミニコ会士のコリン・カーは、次のように語っている。「イエスは何が起こるかをご存じです。彼を逮捕しに来た人たちの方がむしろ、イエスを恐れています。大祭司に向かって無礼な口をたたいたとしてイエスをなぐった兵士は、見事に一喝されています。ピラトがイエスを尋問するときも、むしろピラトの方がイエスに尋問されているのです。……イエスは、被害者としてではなく、聖書のことばを実現する者として渇いておられます。イエスの死は、実際には偉業の成就《じょうじゅ》なのです」。

自分の死のドラマが始まる直前、イエスは、「今、わたしは心騒ぐ。何と言おうか。『父よ、わたしをこの時から救ってください』と言おうか。しかし、わたしはまさにこの時のために来たのだ。父よ、御名の栄光を現してください」（ヨハネ12・27－28）と語った。イエスはご自分の意思で、私たちの無力さに寄り添ってくださる。私たちが迷いさまようすべての体験の中にイエスはおられる。これは、私たちが被害者となるのではなく、イエスと共に勝利者となるためである。

イエスは十字架に釘づけられた。イエスは、私たちのすべての失敗に堅く釘づけられている。期待はずれと見なされたすべての人、親の期待に応えられなかった子ども、弱さを抱える夫や妻、そして面目を失った神父に、イエスは共鳴する。神に見捨てられたと感じるすべての人をイエスは抱きしめてくださる。イエスの力強い恵みは、崩れ落ちていく自分の人生をどうにもできないと思える全員の中に注がれる。イエスのうちにあっては、どんな人生にも行き止まりはない。究極的に、無力な被害者なんて一人もいない。私たちの運命は、イエスに抱えられているのだから、ちゃんと私たちの手の中にあるのだ。

教皇ベネディクト十六世は、「私たちも自らをイエスに釘づけよう。イエスと距離を置こうとする誘惑や、他の皆と一緒にイエスをあざ笑おうとする誘惑に打ち勝とう」と述べた。イエスは、一人残らず全員を迎えるために、十字架上で腕を広げておられる。この姿こそ、限りない神の愛の高さ、深さ、広さ、長さを現している。太陽や月の光が届かないこの最も深い暗やみのときこそ、栄光が現れるのである。

第十二留　イエス、十字架上で息をひきとる

死を体験していない私たちは、死について何を語れよう。「死に向かうこと」は知っているが、「死」そのものは未知である。神の死について私たちはいったい何を語ればいいだろうか。神のみことばは、沈黙させられた。これを表すにはどんな言葉があるだろう？　しかし、十字架上で死んだこの男こそ、想像をはるかに超えた愛を最も大きな声で語るみことばである。

各福音書は、イエスの死を違う形で描写している。どの福音書も、この神秘全体を語り尽くせていないものの、測量で使う三角法のようにそれぞれ違う角度から語りながら、私たちの理解の範ちゅうを超える真理へと集約される洞察を行っている。マタイとマルコは、徹底的に見放された体験をした人間を描いている。イエスは、ユダに裏切られ、ペトロから否まれ、自分が選んだ弟子たちから見捨てられた。そ

して十字架の上では、愛する御父からも見放されたように感じられ、「エリ、エリ、レマ、サバクタニ（わが神、わが神、なぜわたしをお見捨てになったのですか）」（マタイ27・46、マルコ15・34）と叫ばれた。彼の愛する父「アッバ」への親しげな呼びかけは、「エリ」という形式ばった呼び名へと変わった。イエスは独りぼっちである。

人々は、痛みや欠乏の体験によって深い孤独をしばしば感じる。私たちが耐える苦しみは誰にも理解してもらえない。これは分かち合いようがない。以前、私がある牢獄を訪れた時、囚人たちは自分たちがとても愛していた「ドミニコ会の十字架」を着用することが禁じられていた。「この十字架を着けたら独房に放り込むぞ」とおどされた、とある囚人は私に語った。これは何という皮肉だろう。イエスのうちにいれば決して独りではないことを私たちが知るために、私たちのさびしさと孤独を背負われた者の象徴を身に着けることで、独り隔離されてしまうとは。

神はイエスのうちに、見捨てられて裏切られたと感じるすべての人を受け入れて抱きしめてくださる。それはつまり、愛する人を失った苦しみにもがく人々、不合理と思える不治の病に怒りを感じている人々、神に失望した人々である。イエスのうちに、神は「神の不在感」を抱きしめてくださる。

神殿の垂れ幕は、最も聖なる聖所を仕切るために設けられていた。この垂れ幕は、毎年一回、「贖いの日」と呼ばれるユダヤ教の祭日に、大祭司が中に入る時だけ開かれた。しかしイエスが十字架に架けられた時、この幕は真っ二つに引き裂かれた。こうしてもはや、神と人類とを分けへだてるものはなくなったのだ。神は、みじめな私たちに近づかれ、私たちは神のみ前に行くことができるようになった。

マタイとマルコが描く見捨てられた死の姿は、ヨハネが描く栄光に座したイエスの姿とは対照的である。ルカが描くイエスは、善い盗賊に天国を約束した後、御父にご自分を委ねられる。イエスは自分の役割を果たされたのだ。息を引き取り、道を走りぬいたのである。そして最後に、御父の手の中にご自分の身を投げ出した。「父よ、わたしの霊を御手にゆだねます！」（ルカ23・46）。

私の友人のギルバート・マークスは、信仰の具体的なイメージとして、自分の息子が見せた大きな信頼の姿を紹介してくれた。「息子のドミニコが四歳くらいのときだったよ。保育園に連れていくと、ドミニコは、片側の高さが三十五センチくらいある塀の上によじ登り、一八三センチくらいの高さのもう片側の端まで塀の上を全速力で走ると、僕が抱き留めてくれるのを信じてポーンと思いっきり空中に身を投げ出したんだ。そして僕は、後で母親にこう言ったよ。『これこそ、生きて死ぬ姿としては理想的かもしれないね。走って走って、そして最後に、御父のみ手が自分を抱き留めてくれるのを信じて身を投げ出すという姿がね』」。

第十三留　イエス、十字架から降ろされる

ユダヤ人たちは、「安息日《あんそくび》に遺体を十字架の上に残しておかないために、足を折って取り降ろすように、ピラトに願い出た」（ヨハネ19・31）。そして兵士たちはイエスと二人の盗賊たちの遺体を降ろした。

骨一本も折られなかった神の子羊は、祭日の祝いの妨げとなった。宗教的習わしの邪魔者になったのである。独裁政治や専制国家では、イエスが不都合な存在となる場合が多い。聖オスカル・ロメロ大司教は、「国家安全保障」という名のエルサルバドル政府の宗教に反対したため抹殺《まつさつ》された。また、イエスが唱える非暴力主義や罪人と貧しい人たちと共存する姿勢のせいで、私たちにとってもイエスが時には邪魔になるかもしれない。主なる神に邪魔されずに、心の慰めだけを求めて宗教を祝いたいという誘惑にかられる。米国人神学者のスタンレー・ハワーワスは、デュー

ク大学のチャペルにこんな祈りの文を書いた。「熱情の神よ、あなたの民イスラエルと同じく私たちも告白しますが、『あなたの選ばれた民』であることに疲れました。時には私たちを放っておいてもらえませんか。この『キリスト教的なしきたりの数々』でお腹いっぱいです」。

兵士たちは、できるだけ早くイエスを片付けたいので地面へと降ろし、母はイエスを抱きかかえられた。マリアは最初の頃、イエスを幼子として抱いていた。その頃はとても軽かったが、今はずしりと重く、何人もの手を借りながら滑車やロープを使って降ろさなければならなかった。イエスが幼子であったとき、体重が軽かっただけでなく、重い過去も背負っていなかった。しかし今、大いなる苦しみ、屈辱、悲しみの重みを抱えたイエスは、抱き留めた母にとって重く感じられる。マリアと同じように、親たちも自分たちの生きている子どもたちの重荷を度々背負っている。失望の混じった愛、失敗したキャリア、実現しなかった期待の数々。これは愛の重さである。

マリアは、死んだわが子をそっと抱きかかえられる。イエスはもはや何も感じることはできないが、この優しさこそ正しい扱い方である。これは子どもの体だからである。私たちは、愛する人々の体には優しく触れるものである。彼らは単に、あの世に向かうまでのしばらくの間、私たちの魂が利用する肉の塊ではないのだ。この優しい扱いこそ、私たちの最も深い希望を表している。つまり、魂だけフワフワと天国に旅立てばよいのではなく、私たちが完全な人間の姿でよみがえるという希望である。現時点では一体これが何を意味するのか、さっぱり分からないかもしれないが、これこそキリスト者の希望なのである。

人に対して優しさを示すために、その人が死ぬまで待ってはいけない。その人が、その優しさを感じてそれに応答できるうちに優しさを示そう。聞いてもらえるうちに、愛や感謝の言葉をかけなければならないのだ。私は、父が亡くなる前日に父に会いに行った。そして母と部屋を立ち去る間際、父の視線を感じ、何か私に言いたいことでもあるのかな、と思った。しかし、すでに時間もだいぶ遅かったので、「明日、言ってもらえばいいや」と思った。しかし翌日ではもはや遅かった。

待ってはいけない。最後の晩さんのとき、ある婦人がイエスに香油を注いだところ、弟子たちは怒って抗議した。しかしイエスは、こう言った。「わたしに良いことをしてくれたのだ。貧しい人々はいつもあなたがたと一緒にいる……。しかし、わたしはいつも一緒にいるわけではない。この人はできるかぎりのことをした。つまり、前もってわたしの体に香油を注ぎ、埋葬の準備をしてくれた」（マルコ14・6－8）。婦人たちが香油を注ぐためにイエスの墓を訪れたときは、時はすでに遅かった。「その日を摘め（carpe diem）」、つまり、あなたの愛を表すために、今この瞬間を逃すな。

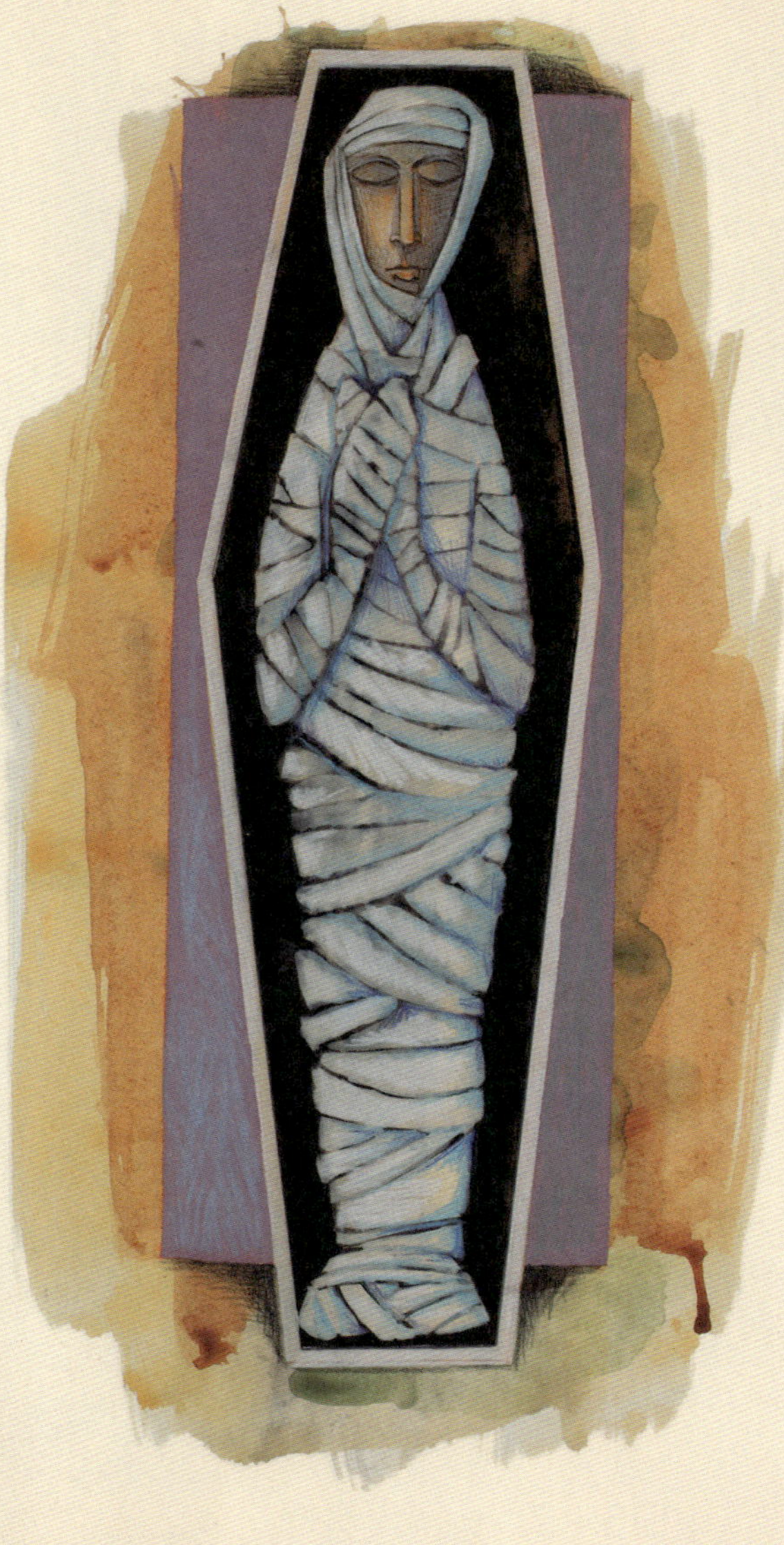

第十四留　イエス、墓に葬られる

「ヨセフはイエスの遺体を受け取ると、きれいな亜麻布に包み、岩に掘った自分の新しい墓の中に納め、墓の入り口には大きな石を転がしておいて立ち去った」（マタイ27・59—60）。

これで物語は結末を迎えたようである。ここが行き止まりである。これ以上、何も期待されていない。まるで巨大な「止まれ」の標識のように大きな石がドンと据え置かれている。婦人たちは、自分たちの目の前から、そして自分たちの人生から、イエスの姿が消えていくのを眺めた。

イエスは、幼子だった頃に母が布でくるんでくれたように（ルカ2・7参照）、葬りの衣でくるまれた。幼子だった頃、大半の子どもたちと同様、将来は期待に満ちあふれていた。しかし今、イエスはまだ若いにもかかわらず、未来は断ち切られ、母は再びイエスを固く布にくるんだ。スコットランドの詩人のジョージ・マッカイ・ブラウン作の詩では、母がイエスの葬りを準備する姿を眺めながら祈る、善い盗賊の姿が描かれている。

そんな女の両手が
わたしを墓所へと運ぶとは、
女の光の襞にわたしと全ての人を包んでください。

【『ヒバリを追って』ジョージ・マッカイ・ブラウン／著、川畑彰・入江和子／訳　あるば書房（二〇一〇年四月出版）「十字架の道行きの留——善良な盗人」（一一六頁）より】

これで終わりであるかのように見えるが、これから新しい始まりを迎えようとしている。想像をはるかに超える未来が待ち受けており、人生の最後の行き止まりにいるすべての人々とイエスは未来を分かち合ってくださるのだ。神の創造性あふれる計らいの前には、行き詰まりも敗北も存在しない。

黒人霊歌の中に、次のような歌詞がある。「主を墓に葬ったとき、あなたはそこにいたか？」。私たちは一人残らず、その場にいた。もう前に進む道はないと恐れた時や、道が巨大な岩でふさがれた時である。私たちが暗やみの中に閉じ込められ、八方ふさがりであると感じる時に、イエスはいつもそこにおられる。

「第七の日に、神は御自分の仕事を完成され、第七の日に、神は御自分の仕事を離れ、安息なさった。この日に神はすべての創造の仕事を離れ、安息なさったので、第七の日を神は祝福し、聖別された」（創世記２・２－３）。十字架の上で、イエスは自分が果たすべき役割を果たされ、「成し遂げられた」（ヨハネ19・30）と言って息を引き取られた。そして今イエスは休まれている。ミラノの聖アンブロジオ司教教会博士は、「六日目が完成し、世界の創造が完了した。……ここで今、神は創造のわざを休まれているのだから、私たちも沈黙によって応えるべきである」。

イエスは、「はっきり言っておく。一粒の麦は、地に落ちて死ななければ、一粒のままである。だが、死ねば、多くの実を結ぶ」（ヨハネ12・24）と教えられた。今、種が地に植えられている。私たちはここで、その肥沃《ひよく》さのたまものを待つだけである。「明日　人の子は園を歩まれる。咲き誇るりんごの花の間をぬって」（ジョージ・マッカイ・ブラウン）。

私は一度、アルジェリアのオランにある、ドミニコ会士のピエール・クラヴェリ司教の墓参りに行ったことがある。彼は、同地のイスラム教徒とキリスト教徒の対話と友好を促進し、暴力に反対したため一九九六年に爆弾によって殺された。彼の墓は、イスラム教徒とキリスト教徒両方の巡礼地となっている。そして彼の墓には、よく花が飾られている。神の恵みは、私たち一人ひとりに春の訪れを告げてくれるのだ。

『救いと希望の道 ――十字架の道行――』の出版に寄せて

このたび拙著『STATIONS OF THE CROSS（十字架の道行）』の日本語訳が出版されることとなったのは光栄であり、ありがたく思います。日本と英国は、アジア全土、中東、そして欧州を含むわが地球で最も大きな大陸の両端に位置する、遠く離れた島国同士です。ただ、こうして遠く離れているからこそ、私たちは同時にとても似ているのかもしれません。両国では、庭園や詩が大切にされ、それだけでなく庭園に関する詩を愛する文化があります！

私の枕元には、葛飾北斎画の「富嶽三十六景」が飾られています。私の人生で最も心に残る出来事の一つは、この美しい山間の近くに、日本人のドミニコ会士で禅者でもあった押田成人の建てた草庵に滞在した時でした。押田神父は、自分自身の神秘に深く入り込めば入り込むほど、別の神秘的な伝統ともっと出会うことができると言っています。

何世紀にもわたって山は参拝場所となってきました。私は吉田博の「Pilgrimage to Mount Fuji」という絵画がとても好きです。この作品では、山はあまりにも高くそびえ立ち、参拝者たちの姿は、とても小さくてほとんど見えません。彼らは果たして頂上にたどり着けるのでしょうか?

本書は、二千年前に、私たち両国の真ん中に位置する中東で起こった、とても短い距離の旅路について書かれています。イエスは、その旅路の中で、十字架刑の判決が下されたピラトの邸宅から数時間後に自分が埋葬された墓までの道をたどりました。

強烈に鮮明な対比は審美《しんび》的です。富士山の景色には、たぐいまれな美と静けさがあります。最上に洗練されたこの美こそ、日本から人類に対する偉大な贈り物です。それに引きかえ、イエスが自らの死へとたどった旅路は、みにくさであふれていました。拷問のみにくさ、生々しい傷のみにくさ、そして屈辱のみにくさです。私たちは、その姿に、あらゆる美をはぎ取られた人間の姿を見ます。しかしこの場面には秘められた美があります。それは、私たちを神の栄光と美にあずからせるために、ありのままの私たちを抱きしめる愛の神秘です。

最も力強い美とは、あらゆるみにくさを包み込み、それを変容させてくれるものです。これは、日本の皆さんがとてもよくご存じです。割れたり欠けたりした陶磁器を漆で密着させ、金粉で装飾する「金継《きんつ》ぎ」と呼ばれる修復技法は、陶磁器をこれまで以上に美しく変容させます。これと同じように、十字架へと向かう道のりでも、神はイエスのうちに、人生の中の最もみにくい部分を抱きしめ、麗しいものにしてくれました。ですから、私たちも自分の生活の中で一番汚い側面や恥と思うあらゆるものに正面から向き合うことができるのです。私たちは、目を見開いてしっかりと自分の姿を見つめ、自分たちも割れた壺《つぼ》だと悟ります。しかし私たちも、神の恵みという芸術性によって抱擁《ほうよう》されており、新しい美を発見できるのです。

「十字架の道行」は、世界各地のほぼすべての教会に設けられています。キリスト者は、エルサレムへの巡礼が危険すぎるほど中東の治安が悪化した時に、それぞれの地元でその道のりをたどりました。自分たちがどこにいても、イエスのたどった旅路を再現できるのです。日本の皆さんが美しい日本の地でも、この旅路をたどるために拙著がその助けとなることを願ってやみません。

私たちは皆、旅する巡礼者です。その道中、多くの冒険をし、幸せと悲しみを味わい、前進したと思えば後退します。しかし私たちの巡礼のすべては、日の上るところから日の沈むところまで、あますところなく人を包み込む神の愛の神秘の中で合流します。目的地にたどり着いた時、私たちは皆、兄弟姉妹であることを喜びのうちに発見するでしょう。

ティモシー・ラドクリフ　O.P.

著者略歴

ティモシー・ラドクリフ（Timothy Radcliffe O.P.）

1945年	ロンドン生まれ
1965年	ドミニコ会入会
1971年	司祭叙階 オックスフォード大学ブラックフライアーズ校にて聖書学の教授を務める。
1992-2001年	ドミニコ会総長
2003年	オックスフォード大学　名誉神学博士号取得。
2014年復活祭 〜2016年復活祭	2008年に設立された社会正義と平和に関する研究機関「ラス・カサス協会」の所長を務める。
2015-2017年	教皇庁「正義と平和協議会」の相談役を務める。
2016年	フリブール大学　名誉博士号取得。
現　在	英国オックスフォードのブラックフライアーズ在住。世界各地から招待される名高い説教師・講演者である。著書多数。数回来日経験あり。

邦訳著書

『なぜ教会に行くの ――パンとぶどう酒のドラマ』2013年（聖公会出版）
『なぜクリスチャンになるの：その意義は何か』2016年（教文館）

訳者略歴

児島　杏奈（こじま　あんな）

1978年、埼玉県生まれ。幼少期にカナダや米国滞在。国際基督教大学卒。現在、翻訳業に従事。

救いと希望の道 ── 十字架の道行 ──

著　者 ── ティモシー・ラドクリフ

イラスト ── マルティン・エルスパメル

訳　者 ── 児島　杏奈

発行所 ── サン パウロ

〒160−0004　東京都新宿区四谷 1−13　カタオカビル 3 階
宣教推進部（版元）　Tel. (03) 3359−0451　Fax. (03) 3351−9534
宣教企画編集部　Tel. (03) 3357−6498　Fax. (03) 3357−6408

印刷所 ── 日本ハイコム㈱

2019 年 1 月 15 日　初版発行

ISBN978-4-8056-4619-9　C0016（日キ販）